ND QUARTIER GÉNÉRAL DES ARMÉES

ÉTAT-MAJOR — 1er ET 3e BUREAUX

INSTRUCTION

SUR L'EMPLOI

DE L'ARTILLERIE LOURDE

PARIS
IMPRIMERIE NATIONALE

1915

Errata à l'Instruction du 20 novembre 1915.

Page 8, Renvoi 2 : *supprimer le mot* « Paragraphe C ».

Page 22, n° **42**, 2e ligne du 1er alinéa : *supprimer la virgule après les mots* « En principe ».

Page 22, n° **43**, 3e ligne du 2e alinéa ; *remplacer les mots* « On évitera autant que possible d'employer des projectiles explosifs et, en particulier, des obus allongés », *par ceux :* « On évitera autant que possible d'employer des obus allongés ».

Page 27, n° **58**, 4e ligne du 2e alinéa : *mettre* une virgule entre C. A. et 2e bureau. « C. A., 2e bureau ».

Page 27, n° **58**, 3e ligne du 3e alinéa : *au lieu de* « détaché à », *mettre* « détaché de ».

GRAND
QUARTIER GÉNÉRAL
DES ARMÉES.

ÉTAT-MAJOR.

1er ET 3e BUREAUX.

11239.

Au G. Q. G., le 20 novembre 1915.

INSTRUCTION

SUR L'EMPLOI

DE L'ARTILLERIE LOURDE.

AVANT-PROPOS.

1. — En vue d'assurer l'unité de doctrine, toutes instructions, notes, etc., concernant l'emploi de l'A. L., antérieures à la présente instruction, sont abrogées, et il est strictement interdit au Commandement, à tous les échelons, de modifier ou compléter les prescriptions de celle-ci.

Sont seules autorisées les prescriptions complémentaires s'appliquant à un *cas concret :* ces prescriptions sont toujours formulées sous forme d'ordre.

GÉNÉRALITÉS.

2. — Par «Artillerie lourde», on entend l'Artillerie de moyen et gros calibre [95 et au-dessus] (1).

Au point de vue de la manœuvre, on distingue dans l'A. L. :

1° L'*Artillerie lourde de campagne,* constituée par des batteries pouvant se déplacer par leurs propres moyens;

2° L'*Artillerie lourde de position,* constituée par des batteries ne disposant pas de moyens de transport.

(1) Elle se distingue de l'Artillerie de campagne (calibres de 65, de 75, de 80 et de 90) et de l'Artillerie de tranchée.

Dans cette dernière catégorie rentre l'Artillerie dite *spéciale*, constituée par le matériel de siège (mortier de 370) et les matériels de côte et de marine qui, normalement, ne peuvent être déplacés que par voie ferrée (de 0m60 ou normale).

Un tableau annexé à la présente instruction donne la nature et les propriétés balistiques des diverses bouches à feu qui constituent l'Artillerie lourde.

Les prescriptions de la présente instruction ont été spécialement rédigées pour l'Artillerie lourde de campagne : elles s'appliquent aussi à l'Artillerie lourde de position, mais dans la mesure seulement où celle-ci peut se déplacer.

DIVISIONS.

3. — L'Artillerie lourde est appelée à opérer, en liaison avec les autres armes, dans l'*offensive* et dans la *défensive*.

Dans l'un et l'autre cas, elle partira en général d'une période d'attente, dite de « stabilisation ».

Son mode d'emploi dans ces trois situations est basé sur les propriétés de son armement et sur sa capacité manœuvrière.

Sa mise en œuvre exige le concours d'un certain nombre de services spéciaux rattachés au Commandement.

4. — La présente instruction traite successivement ces diverses questions, savoir :

TITRE Ier. — Propriétés de l'armement et capacité manœuvrière de l'A. L.

TITRE II. — Organisation du Commandement.

TITRE III. — Emploi de l'A. L. dans la période de stabilisation.

TITRE IV. — Emploi de l'A. L. dans la défensive.

TITRE V. — Emploi de l'A. L. dans l'offensive.

TITRE VI. — Organisation des services.

ANNEXE N° 1. — TABLEAU I indiquant la nature et les propriétés balistiques des bouches à feu entrant dans la composition de l'A. L.

TABLEAU II indiquant les propriétés balistiques des canons de campagne.

TABLEAU III indiquant les propriétés balistiques des canons de tranchée.

ANNEXE N° 2. — Mode de numérotage des batteries et signes conventionnels.

ANNEXE N° 3. — Notice relative à la construction des batteries.

ANNEXE N° 4. — Note relative à la destruction des réseaux de fils de fer par le tir.

ANNEXE N° 5. — Note relative au lotissement des munitions.

En APPENDICE, figurent des tableaux de renseignements concernant l'artillerie allemande :

TABLEAU A. — Artillerie lourde ;

TABLEAU B. — Artillerie de campagne ;

TABLEAU C. — Canons de tranchée ;

Et une Note permettant de déduire immédiatement, d'après certains indices, des renseignements intéressants concernant une batterie allemande en activité.

TITRE PREMIER.

PROPRIÉTÉS DE L'ARMEMENT ET CAPACITÉ MANOEUVRIÈRE DE L'ARTILLERIE LOURDE.

A. — PROPRIÉTÉS DE L'ARMEMENT.

Les propriétés balistiques des diverses bouches à feu entrant dans la composition de l'A. L. sont données dans le tableau I de l'annexe n° 1.

Ces données sont complétées par les indications générales ci-après :

5. — **Portée.** — Les portées maxima indiquées dans le tableau susvisé correspondant à des conditions atmosphériques normales, il y a lieu de diminuer ces portées de 500 mètres ou 1,000 mètres suivant qu'il s'agit de canons courts et mortiers ou de canons longs, pour avoir la distance à laquelle il convient d'établir les batteries pour atteindre l'objectif en tout temps (1).

6. — **Dispersion.** — Même lorsqu'un tir est *parfaitement* réglé, les points de chute se répartissent sur une zone de dispersion dont la profondeur et la largeur sont de huit écarts probables pratiques en portée et en direction (2); la densité des points de chute dans cette zone diminue à mesure qu'on s'éloigne du centre.

Certaines causes accidentelles sont susceptibles d'augmenter les dimensions de la zone de dispersion normale (variations des conditions atmosphériques, notamment de la vitesse et de

---

(1) Une annexe aux tables pratiques de tir permet de calculer l'influence de la direction et de la force du vent sur la portée.

(2) On appelle « écart probable » l'écart qu'il y a une chance sur deux de ne pas dépasser.

On peut admettre que l'écart probable pratique, correspondant aux conditions du champ de bataille, est égal à une fois et demie l'écart probable fixé par les commissions d'expériences.

la direction du vent, — usure des bouches à feu, — défaut d'homogénéité des munitions, irrégularité du pointage). On s'efforcera d'y remédier en perfectionnant sans cesse l'instruction des pointeurs, et en lotissant minutieusement des munitions (1). Certains tirs ne pourront être exécutés que par temps calme, avec des bouches à feu non fatiguées et dont on connaît bien le régime, même dans certains cas, avec une seule pièce.

Les dimensions de la zone de dispersion normale dépendent du calibre, de la distance et de la charge; elles peuvent être calculées à l'aide des tables complètes de tir. On doit donc se borner à donner quelques exemples.

CALIBRE.	CHARGE.	PORTÉE.	ZONE DE DISPERSION POUR L'OBUS ALLONGÉ (1).	
			Largeur.	Profondeur.
		mètres.	mètres.	mètres.
155 C.......	2	3,500	25	160
220.........	1	3,000	25	240
120 L.......	1	5,000	48	360
155 L.......	1	5,000	25	270

(1) Les dimensions de la zone sont notablement plus grandes avec l'obus ordinaire.

Ces indications permettent de se rendre compte de la distance minima à laquelle devront se tenir les troupes amies pour ne pas risquer d'être atteintes par un tir même parfaitement réglé (2).

Il est bien entendu que, dans les données ci-dessus, il n'est question que de la dispersion de coups tirés sur hausse unique : des précautions spéciales (conduite très prudente du tir d'encadrement, mise à l'abri du personnel, évacuation de certaines zones de terrain) devront être prises pour les coups de réglage (3).

7. — Effets des projectiles. — L'obus à balles ou à mitraille n'est efficace que contre le personnel découvert (4). Dans ce cas, surtout lorsqu'il s'agit d'objectifs de grandes dimensions, il est avantageux de l'employer, parce que ses effets sont moins localisés que ceux de l'obus explosif.

(1) Voir annexe n° 5.

(2) Ce tableau fait ressortir aussi l'avantage considérable du tir d'enfilade.

(3) Voir feuille rectificative (Projet) à l'Instruction sur le tir.

(4) Ces obus, tirés percutants, ne sont efficaces que jusqu'à 2,000 mètres.

L'obus à mitraille de 155 est efficace (1) même lorsqu'il n'est pas possible de régler convenablement la hauteur d'éclatement.

L'obus explosif a un effet puissant, mais localisé. Il est tiré percutant «sans retard» ou «avec retard»; en outre, il existe pour certains calibres des fusées instantanées.

L'obus à fusée instantanée est particulièrement efficace pour déraser, démolir ou disloquer les objectifs placés à la surface du sol; l''obus sans retard est efficace pour attaquer les remblais et les blindages. Tous deux sont efficaces contre le matériel.

L'obus avec retard n'est avantageux qu'avec les gros calibres, lorsqu'il s'agit d'atteindre des objectifs enterrés profondément : quand l'angle de chute ou la nature du sol favorisent le ricochet, le rendement de ce tir est notablement réduit.

Contre les blindages en bois, de résistance moyenne, susceptibles d'être disloqués par le tir tendu, le tir à obus explosifs de 75 sera quelquefois suffisant.

Ce tir est suffisant pour faire brèche dans les réseaux de fils de fer.

8. — Mode d'emploi. — Des propriétés énumérées ci-dessus, il résulte le mode d'emploi ci-après des divers calibres :

1° Les canons longs sont employés de préférence contre le personnel découvert, contre les batteries, contre les terrassements et abris susceptibles d'être atteints par le tir tendu. L'angle de chute correspondant aux grandes portées permet d'atteindre des objectifs abrités : à ces distances, les canons longs peuvent donc suppléer dans une certaine mesure les canons courts et mortiers contre ce genre d'objectifs.

2° Les canons courts et mortiers sont employés de préférence contre les terrassements et abris qui ne peuvent être atteints que par le tir plongeant ou vertical (2).

Le canon de 155 C. et le mortier de 220 suppléent avantageusement les canons longs lorsqu'il s'agit d'objectifs (personnel ou batteries) situés sous bois.

Exceptionnellement, le canon de 155 C. peut être employé, à défaut de canons de 75, pour faire brèche dans les réseaux de fils de fer.

(1) 416 balles de 26 grammes, 288 fragments de 43 grammes.

(2) Les canons de tranchée suppléent les canons courts et mortiers dans la limite de leur portée.

B. — CAPACITÉ MANŒUVRIÈRE DE L'A. L.

9. — Le temps nécessaire pour déplacer et installer l'A. L. varie beaucoup avec le calibre et avec l'état du terrain (1).

Les batteries de 95 sur affût de campagne, de 105 et de 155 C. T. R. peuvent exécuter sur route des temps de trot peu prolongés; leur vitesse de marche peut donc atteindre 7 kilomètres.

Les batteries attelées de 100, de 120 et de 155 ont une vitesse de marche variant de 5 à 3 kilomètres.

Quant aux batteries avec tracteurs, elles ne peuvent pas, dans l'état actuel, dépasser 6 kilomètres sans fatigue excessive du matériel (2).

Seules les batteries attelées de calibre inférieur à 155 et celles de 155 C. T. R. peuvent se mouvoir en terrain varié.

Celles de 155 L. ont besoin d'un terrain consistant.

Quant aux batteries avec tracteurs, elles ne peuvent se déplacer que sur un terrain très consistant et par des itinéraires reconnus à l'avance.

Les batteries avec plate-forme métallique (155 C. modèle 1881-1912 et mortiers de 220 et de 270) ont besoin de 5 à 10 heures (de jour) pour mettre le matériel en batterie.

Celles de 95, de 105 et de 155 C. T. R. n'ont besoin que d'un temps assez court (de 15 à 30 minutes).

Celles de 100, de 120 L. et de 155 L. ont besoin d'une heure à deux heures et demie (non compris le temps nécessaire pour mettre en place les ceintures de roues).

10. — Toutes les fois qu'on aura à déployer l'A. L., il conviendra de se rendre compte, non seulement du temps nécessaire à son déplacement et à son installation, mais encore de celui nécessaire à l'établissement des observatoires et des liaisons téléphoniques et à l'organisation du tir.

Celui-ci varie beaucoup avec les circonstances et est en général notablement plus long que le premier. On devra donc s'efforcer de l'abréger par un dressage très complet du personnel, et ces opérations, consécutives à la reconnaissance, devront être commencées le plus tôt possible (3).

---

(1) L'adoption des roues élastiques modifiera cette situation. Bien entendu, la vitesse des batteries « portées » sur voitures automobiles est celle de ces voitures.

(2) Pour l'Artillerie spéciale, se reporter à l'annexe n° 1, tableau I, paragraphe C.

(3) Le rôle de l'officier orienteur du groupe est, à ce point de vue, de première importance.

11. — Les incidents de route des batteries à tracteurs et des batteries attelées de 155 L. (dans une certaine mesure, ainsi que celles de 120 attelées) peuvent produire des encombrements sérieux dans les colonnes (1); d'autre part, la vitesse de marche de ces batteries diffère sensiblement de celle des autres armes.

Pour ces raisons, on sera presque toujours obligé de faire marcher ces batteries en colonnes indépendantes.

12. — Dans la détermination des emplacements à réserver à l'A. L., on doit tenir compte de l'intérêt qu'il y a :

A défiler les batteries aux vues terrestres et à les dissimuler ou à les masquer le mieux possible aux vues aériennes ;

Dans le cas de l'offensive, à les pousser le plus en avant possible pour éviter de les déplacer au cours de l'opération envisagée, en tenant compte toutefois des facilités de ravitaillement et des inconvénients qui pourraient en résulter pour le tir contre les premiers objectifs ;

A ce qu'elles soient desservies par des voies d'accès d'autant plus faciles que le tonnage prévu est plus important ;

Enfin, à éviter la dislocation du groupe.

Pour permettre de puissantes concentrations de feux sur tout le front et jusqu'à l'extrême portée des pièces, les emplacements choisis pour les pièces et pour les batteries devront se prêter à l'utilisation de tout le champ de tir permis par le matériel; pour le matériel à champ de tir réduit, toutes les dispositions seront prises pour que, le cas échéant, les directrices puissent être déplacées dans le minimum de temps (une heure pour le matériel de 155 C. Mle 1881-1912, quatre heures pour le 220, six heures pour le 270).

TITRE II.

ORGANISATION DU COMMANDEMENT.

13. — L'organistion du commandement de l'A. L. dans une Armée est basée sur le principe de l'*unité de commandement de l'A. L. dans chaque Corps d'armée* (2).

(1) Le demi-tour, notamment, exige une route très large ou un carrefour de routes.

(2) Le terme de Corps d'armée ne correspond pas forcément au Corps d'armée normal, à deux ou à trois Divisions. Il s'applique, d'une façon générale, à un groupement de divisions opérant sous le commandement d'un même chef.

C'est au colonel, ou lieutenant-colonel commandant l'A. L. du Corps d'armée, secondé par le chef du service de l'observation aérienne de ce Corps d'armée, qu'il appartient de diriger le tir :

Des batteries lourdes du Corps d'armée (A. L. de campagne et éventuellement Artillerie lourde de position), à l'exception, bien entendu, de celles des batteries de canons courts qui, pour une attaque, seront affectées temporairement aux divisions d'infanterie;

Des batteries lourdes d'Armée agissant normalement dans la zone d'action de ce Corps d'armée.

Lorsque, soit en vue de renforcer l'Artillerie lourde d'un Corps d'armée, soit dans le but de réaliser une concentration de feux sur un groupe d'objectifs situés dans la zone d'action de ce Corps d'armée, le commandant de l'Armée mettra à sa disposition des éléments d'Artillerie lourde appartenant aux Corps d'armée voisins, la tâche du commandant de l'A. L. du Corps intéressé consistera à répartir les objectifs entre l'A. L. de Corps d'armée et d'Armée, dont il a la direction immédiate, et celle des Corps d'armée voisins.

Aux commandants d'A. L. de ces Corps d'armée voisins incombera le soin de diriger le tir sur les objectifs qui leur auront été attribués, et d'en faire contrôler les résultats par leurs organes d'observation propres, les avions ayant toutefois l'obligation de n'émettre que dans une zone déterminée.

14. — A l'intérieur du Corps d'armée, les batteries lourdes de Corps d'armée et d'Armée sont organisées en *groupements*. A la tête de ces groupements sont placés des chefs d'escadron, ou exceptionnellement des capitaines qualifiés.

Dans un secteur d'attaque de Corps d'armée, le nombre des groupements de contre-batteries et d'action lointaine est égal au nombre d'avions de réglage pouvant opérer simultanément dans le secteur considéré; le nombre des groupements de brèche est égal au nombre de divisions mises en ligne dans ce secteur.

15. — Chaque groupement comprend un certain nombre de groupes de batteries, correspondant autant que possible aux groupes organiques des régiments d'A. L.

16. — Les missions de l'A. L. sont fixées par le Commandement dans un ordre, auquel est annexé, s'il y a lieu, une instruction contenant les renseignements nécessaires pour l'exécution de la mission.

La mission ayant été fixée par le Commandement, il appartient à l'exécutant de choisir les *moyens techniques* pour la remplir dans la limite des prescriptions réglementaires, ou sous sa responsabilité lorsqu'il est amené à s'écarter de ces prescriptions. S'il y a lieu, il fait connaître sans retard au

Commandement le complément de moyens dont il peut avoir besoin pour l'exécution de la mission.

TITRE III.

EMPLOI DE L'ARTILLERIE LOURDE DANS LA PÉRIODE DE STABILISATION.

A. — RÔLE DE L'ARTILLERIE LOURDE.

17. — Les attaques modernes nécessitent une consommation de munitions considérable. Les tirs de barrage et les bombardements à exécuter en cas d'attaque de l'ennemi sont également très dispendieux. Il est donc de la plus haute importance de réserver ses munitions pour les attaques, ou pour les cas où l'on serait soi-même attaqué.

Par suite, dans les périodes de stabilisation, il faut être aussi avare que possible de ses munitions, tout particulièrement des munitions des pièces lourdes, et ne tirer qu'*à bon escient.*

a) **Tirs de réglage.** — Réduits au strict minimum et organisés en vue de répondre à des éventualités d'attaque de l'ennemi bien déterminées.

b) **Tirs de barrage.** — Sur les parties du front qui, par suite de leur défilement, échappent au tir du canon de 75, sur certains boyaux d'accès et sur les lignes de ravitaillement ennemies.

Ces tirs ne doivent être exécutés qu'en cas de menace d'attaque, et sur l'ordre du Commandement.

c) **Tirs de destruction.** — Exécutés exceptionnellement contre un ouvrage gênant pour la défense, contre des travaux d'approche de l'ennemi.

d) **Tirs contre l'Artillerie ennemie.** — Tirs à démolir, ou tirs systématiques, *avec le concours de l'observation aérienne*, contre des batteries agressives et dangereuses, dont les emplacements auront été exactement repérés.

Tirs de riposte, contre les batteries ennemies en action reconnues, ou situées sur le terrain avec une certaine approximation, à la condition que l'incertitude sur leur position ne porte que sur un petit nombre d'emplacements déjà repérés — deux ou trois salves au maximum sur chacun de ces emplacements.

Si, à la suite de ce tir, l'artillerie ennemie ne cesse pas son feu, ou si l'incertitude sur sa position est complète, on renoncera à la contre-battre, quitte à la détruire plus tard, s'il le faut, en faisant appel aux ressources de l'observation aérienne, et on se contentera de faire exécuter par l'Artillerie de campagne, à titre de représailles, quelques tirs par rafales contre les tranchées ou les cantonnements ennemis.

Les tirs de riposte ne doivent être exécutés d'ailleurs par l'Artillerie lourde, que si l'Artillerie de campagne se trouve, *a priori*, dans l'impossibilité d'agir, par suite de la distance ou du degré de défilement de l'objectif.

e) **Bombardement de cantonnements ennemis situés hors de la portée efficace du canon de 75.** — Il faut proscrire d'une façon absolue les bombardements de localités tant soit peu prolongés, qui sont en général sans effets. On se contentera d'envoyer un petit nombre de coups isolés, ou, dans les cas importants, de salves isolées, à des heures irrégulières, de jour et surtout de nuit, pour entretenir chez l'ennemi le sentiment d'insécurité du cantonnement.

Pour les tirs de riposte, ainsi que pour les tirs contre les cantonnements, on emploiera de préférence les obus de deuxième catégorie (obus à mitraille, à balles et ordinaires), réservant autant que possible les obus explosifs, et notamment les obus allongés, pour les tirs de destruction.

18. — En dehors des cas précis qui viennent d'être envisagés, des cas imprévus peuvent imposer l'entrée en action de l'A. L. Toute latitude doit être laissée aux exécutants pour agir au mieux de ces circonstances, mais sous les réserves suivantes :

1° L'autorité qui prescrit le tir engage sa responsabilité et ne doit pas hésiter à l'engager; elle rend compte de sa décision à l'autorité supérieure ;

2° Le tir de réglage, exécuté sur un objectif déterminé, doit être suivi immédiatement d'un tir d'efficacité contre cet objectif.

B. — RÉPARTITION DE L'ARTILLERIE LOURDE EN VUE DE SON EMPLOI.

L'Artillerie lourde d'un secteur se subdivise en Artillerie de sûreté et en Artillerie de renforcement.

19. — **L'Artillerie de sûreté** comprend :

Les batteries d'Artillerie à pied servant le matériel de siège qui constitue l'ossature fixe ;

Un certain nombre de batteries d'Artillerie lourde mobile de Corps d'armée ou d'Armée, dans la mesure jugée indispensable par le Commandement pour compléter la sécurité du front.

Les batteries entrant dans la composition de l'Artillerie de sûreté sont en position ; mais, sauf cas exceptionnels justifiés, ces batteries ne devront pas être maintenues en permanence sur les mêmes emplacements.

En dehors des missions qui leur seront assignées, en conformité des règles d'emploi données dans le paragraphe précédent, chacune d'elles devra être en possession des consignes à exécuter en cas d'attaque de l'ennemi, ainsi que des planchettes et carnets de tir, correspondant aux divers emplacements qu'elle pourra être appelée à occuper.

20. — **L'Artillerie de renforcement** comprend :

Les batteries d'A. L. de Corps d'armée et d'Armée n'entrant pas dans la composition de l'Artillerie de sûreté ;

Éventuellement, l'A. L. attelée de Groupe d'armées et l'A. L. à tracteurs ;

Les batteries à pied qui constituent des groupements réservés.

Les batteries qui composent l'artillerie de renforcement sont retirées du front et groupées, autant que possible, par unités constituées (régiments à tracteurs ; 3me groupe de régiments attelés ; groupes d'A. L. de C. A.), en vue de leur instruction.

Pour que ces batteries soient en mesure d'intervenir en temps utile, soit dans le but d'appuyer une action offensive locale, soit, plus encore, en cas d'attaque de l'ennemi, il faut qu'en arrivant sur la position qui leur aura été assignée, elles trouvent des emplacements prêts à les recevoir, ainsi que les dossiers de tir correspondant à ces emplacements.

En conséquence, il y aura lieu de multiplier les emplacements de batteries sur tout le front et de faire établir, pour chacun de ces emplacements, un dossier de tir (planchette et carnet de tir), dont une expédition sera conservée par le Commandant de l'Artillerie lourde du secteur.

En cas d'alerte, les batteries de renforcement, désignées pour aller occuper tel ou tel emplacement, feront toucher leur dossier, contre reçu, au poste de commandement de l'Artillerie lourde du secteur intéressé.

Chaque fois qu'il sera possible de prévoir l'intervention de tout ou partie de l'Artillerie de renforcement dans une zone déterminée, (en particulier pour l'A. L. de Corps d'armée et même pour l'A. L. d'Armée), la préparation de l'opération devra être poussée encore davantage.

Les Commandants de groupes et de batteries reconnaîtront à l'avance leurs postes de commandement, leurs postes d'observation, les emplacements de batteries; ils prendront connaissance des dossiers de tir. Toutes dispositions seront prises pour que les travaux relatifs aux communications téléphoniques et à l'installation de la T. S. F. puissent être entrepris, sans hésitation, au premier signal.

21. — La multiplication du nombre d'emplacements de batteries sur tout le front n'a pas seulement pour conséquence de faciliter le renforcement en artillerie de telle ou telle partie de ce front, elle maintient l'ennemi dans l'incertitude absolue sur l'importance des forces d'Artillerie qu'il a devant lui, et complique la tâche de ses contre-batteries.

Dans cet ordre d'idées, il y a lieu de faire également le plus large emploi des fausses batteries.

C. — ÉCHELONNEMENT DES MUNITIONS

22. — Dans les Corps d'armée et les Armées, les munitions sont réparties en quatre échelons, à savoir :

l'approvisionnement de sûreté des batteries
l'approvisionnement du service courant
l'approvisionnement de réserve du Corps d'armée
} Corps d'armée

l'approvisionnement d'Armée.

23. — **L'approvisionnement de sûreté des batteries** (1) ne doit être utilisé qu'en cas d'attaque de l'ennemi.

Il est constitué une fois pour toutes et recomplété, s'il y a lieu, sur demande adressée à l'armée.

24. — **L'approvisionnement du service courant** est destiné à satisfaire aux besoins journaliers, qui dépendent eux-mêmes de la situation locale et de l'intensité des manifestations de l'ennemi : réglages indispensables, tirs de riposte contre l'artillerie ennemie, bombardements de cantonnements, etc., dans les conditions spécifiées au paragraphe 1.

Cet approvisionnement ne concerne, bien entendu, que les batteries en position sur le front.

La fixation d'une consommation journalière déterminée est rigoureusement interdite à tous les échelons.

Seules, devront être fixées, pour les diverses unités subordonnées, les consommations globales *maximum* correspondant à une période déterminée.

Ces consommations ne pourront être dépassées que lorsqu'il y aura lieu de profiter d'une occasion favorable et de rechercher un résultat bien défini.

---

(1) Le taux de l'approvisionnement de sûreté est fixé par le commandant de Groupe d'armées.

25. — L'approvisionnement de réserve du Corps d'armée a pour objet de permettre au Commandant de Corps d'Armée, d'une part, de recompléter, le cas échéant, les batteries qui auraient été appelées à dépasser leur consommation maximum et, d'autre part, à faire exécuter, en temps opportun, par un certain nombre de groupes ou de batteries, des tirs d'efficacité contre des objectifs précis : tirs à démolir, avec le concours des avions, contre des batteries ennemies agressives et dangereuses, tirs de destruction contre des ouvrages ou travaux de l'ennemi particulièrement gênants pour la défense, etc.

Ces tirs, dont l'initiative revient aux Commandants de Corps d'Armée, donneront lieu, après exécution, à l'établissement de comptes rendus à l'Armée.

Pour la constitution et l'entretien de l'approvisionnement du service courant et de l'approvisionnement de réserve, le Commandant de Corps d'armée dispose d'un abonnement qui lui est alloué périodiquement par le Commandant de l'Armée.

26. — L'approvisionnement d'Armée est subdivisé en deux fractions :

1° L'approvisionnement de sûreté (1), qui permet au Commandant de l'Armée de renforcer, en cas d'attaque de l'ennemi, la dotation en munitions des batteries du secteur attaqué, en attendant l'arrivée des munitions de l'arrière.

2° L'approvisionnement du service courant, destiné à faire face aux besoins journaliers des Corps d'armée.

L'Armée est alimentée en munitions au moyen d'un abonnement qui lui est alloué périodiquement par le Groupe d'armées.

TITRE IV.

EMPLOI DE L'ARTILLERIE LOURDE DANS LA DÉFENSIVE.

27. — Dans la situation de guerre actuelle, une attaque par surprise contre une position fortifiée, dont les réseaux de fils de fer et les organes de flanquement sont intacts, peut être considérée comme vouée à un échec certain, à moins de négligence inadmissible de la part du défenseur. En général,

(1) Voir renvoi (1), page 14.

l'attaque sera précédée d'une préparation d'artillerie plus ou moins longue.

28. — L'étude des procédés d'attaque, préconisés et mis en pratique par les Allemands, permet de discerner un certain nombre d'indices précurseurs d'une attaque prochaine. Ces indices sont les suivants :

Bombardement violent, d'une durée pouvant varier de quelques heures à plusieurs jours, suivant le cas, et, pour une même attaque suivant les secteurs, avec ou sans interruption du tir, et dirigé sur les batteries, sur les organes principaux des ouvrages de défense, sur les communications. En particulier, grande activité des minenwerfer.

Travaux préparatoires, et notamment construction d'une tranchée de départ, ou même de simples sapes dirigées contre la première ligne de défense.

Explosions de mines ayant pour but, soit de créer des entonnoirs destinés à amorcer la tranchée de départ, soit, dans les zones de friction, de bouleverser les tranchées de première ligne de la défense, ainsi que les réseaux qui les précèdent. Dans ce dernier cas, l'attaque peut être considérée comme imminente.

Nappes de gaz délétères précédant l'assaut.

29. — Lorsque le bombardement prend une intensité anormale, et surtout lorsqu'il se généralise, il y a lieu de prendre, sans retard, toutes mesures nécessaires en vue de parer à une attaque.

Tandis que les contre-batteries de l'Artillerie de sûreté (Artillerie lourde et Artillerie de campagne) s'efforcent de neutraliser le tir de l'artillerie ennemie, il est fait appel à tous les moyens d'observation aérienne disponibles, qui permettront d'engager la lutte d'artillerie dans des conditions favorables.

D'autre part, l'A. I. de renforcement est dirigée sur les emplacements prévus en cas d'alerte. Dès que l'installation de ses batteries de canons longs est terminée, elle appuie l'action de l'artillerie de sûreté dans cette lutte d'artillerie.

Si, pendant la nuit, l'ennemi a exécuté sur certaines parties du front des travaux d'approche, on procédera aussitôt à la destruction de ces travaux au moyen des pièces courtes de l'A. L. et des canons de tranchée.

Sur le reste du front, et dans les secteurs qui paraissent les plus menacés, notamment dans les zones de friction, l'A. L. de destruction bombardera systématiquement les tranchées de première ligne ennemies.

Enfin, l'action de l'A. L. sera complétée par des missions de barrages :

Coupure des boyaux de communication desservant les tranchées de 1re ligne de l'ennemi ;

Bombardement intermittent des points de passage forcé sur les grandes lignes de ravitaillement.

30. — Lorsque l'attaque débouchera, ou lorsque se produiront les indices révélant une attaque immédiate (explosion de mines ou nappes gazeuses), toutes les batteries d'A. L. disponibles (canons courts et canons longs), susceptibles d'agir sur le front menacé, concentreront leurs feux sur les tranchées et boyaux de communication de la position de départ de l'attaque ennemie, en même temps que l'Artillerie de campagne déclanchera ses tirs de barrage.

Cette concentration de feux sera maintenue à pleine intensité aussi longtemps que le Commandement le jugera nécessaire.

Il ne saurait être question, en effet, de modifier en quoi que ce soit la mission de l'artillerie, tant que durera la période de crise correspondant à l'assaut et que la situation dans le secteur attaqué n'aura pas été précisée.

31. — Si, des renseignements parvenus au Commandement, il résulte d'une façon certaine que l'ennemi a pris pied dans une partie déterminée de la position de défense, il s'agira d'empêcher l'ennemi de s'y installer, puis de l'en chasser.

A cet effet, toute l'A. L. qui ne sera pas indispensable pour maîtriser l'artillerie ennemie, en particulier l'A. L. de destruction, bombardera systématiquement les tranchées conquises par l'ennemi.

Ce bombardement servira, en outre, de préparation au retour offensif qui devra être exécuté, le plus tôt possible, par les réserves de secteur.

A l'heure fixée pour le déclanchement du retour offensif, l'A. L. chargée de faire la brèche reportera automatiquement son tir sur les tranchées et boyaux de communication de la position de départ de l'attaque ennemie.

TITRE V.

EMPLOI DE L'ARTILLERIE LOURDE DANS L'OFFENSIVE.

A. — ÉTUDES ET TRAVAUX PRÉPARATOIRES A UNE OPÉRATION OFFENSIVE.

32. — La préparation d'une opération offensive, dans la situation de guerre actuelle, comporte, en premier lieu, une étude minutieuse des conditions dans lesquelles se déroulera cette opération, en exécution du projet d'attaque établi par le Commandement.

Cette étude, aussi poussée que possible, fait ressortir les besoins auxquels il faudra faire face dans les diverses phases de la lutte, et permet de déterminer l'organisation du Commandement, les groupements d'artillerie à former, ainsi que les missions générales à donner à ces groupements. Elle doit être complétée par une reconnaissance approfondie du terrain qui, seule, permet de préciser les conditions d'installation de l'Artillerie.

On aura ainsi les moyens de procéder à l'établissement d'un plan ferme de travaux (postes de commandement et observatoires, emplacements de batteries, dépôts de munitions, chemins de fer à voie étroite, lignes et postes téléphoniques).

La réalisation de ce plan exige le rassemblement préalable des matériaux et du personnel nécessaires, la distribution du travail, l'organisation des ateliers, enfin l'exécution proprement dite, d'après un ordre d'urgence déterminé.

Ce n'est qu'après l'exécution d'une première série de travaux, qu'il sera possible d'amener les munitions à pied d'œuvre, d'en faire le lotissement, et de procéder à l'installation du matériel.

B. — MÉCANISME GÉNÉRAL DE L'ATTAQUE.

33. — Sous peine d'exposer l'Infanterie à des pertes excessives, une attaque ne peut réussir qu'à la condition d'avoir été *préparée*, et d'être *appuyée d'une façon continue* par une puissante artillerie.

Dans la situation actuelle, c'est-à-dire dans le cas de l'attaque de fronts fortifiés, présentant des lignes successives de défense, la rupture du front ennemi ne pourra être faite, en général, en une seule opération.

En effet, à une situation initiale de l'artillerie de l'attaque, correspond la possibilité de préparer l'attaque d'un certain nombre de ces lignes successives. Au cours de l'attaque, et suivant l'amplitude des premiers succès obtenus, le dispositif de l'artillerie devra être remanié, soit pour reprendre et compléter sans aucun retard une préparation reconnue insuffisante sur certaines lignes en raison de leur distance ou des difficultés d'observation, soit pour entreprendre la préparation de nouvelles attaques sur des positions plus en arrière.

Par conséquent, à moins d'une débâcle survenue à un moment donné chez l'adversaire, l'attaque d'un front fortifié moderne présente un certain nombre de phases, chacune de ces phases correspondant aux possibilités d'action de l'artillerie. Par cette dernière expression, il faut entendre, non seulement le fait d'être à portée de tir efficace des objectifs visés, mais également la possibilité d'observer avec la plus grande précision, et autant que possible d'un poste terrestre, les coups dirigés contre ces objectifs.

Il importe donc d'étudier minutieusement tous les mécanismes susceptibles de réduire au minimum tous les temps morts que présente une opération aussi délicate que le déplacement d'une masse d'artillerie :

Installation rapide des batteries sur de nouvelles positions;

Ou, simplement, poussée en avant des observateurs de certaines batteries sur les points favorables des positions conquises étudiés et, dans une certaine mesure, fixés à l'avance suivant la configuration du terrain; liaison de fortune (signaux, projecteurs, etc.) entre ces observatoires et les batteries, en attendant l'établissement du fil téléphonique ou pendant les interruptions de celui-ci, s'il vient à être coupé.

C. — ORGANISATION DE L'ARTILLERIE EN VUE D'UNE ATTAQUE.

34. — L'organisation de l'Artillerie d'une Armée en vue d'une attaque a pour base une décentralisation des moyens aussi large que possible :

Aux Divisions. — L'Artillerie de campagne, et, tout au moins, pendant la préparation de l'attaque, la majeure partie de l'A. L. de destruction, avec faculté pour le Commandant de Corps d'armée de reprendre celle-ci en mains, lorsqu'il le juge nécessaire ;

Au Corps d'armée. — Des batteries de canons longs, et, éventuellement, au cours de l'action, tout ou partie de l'A. L. de destruction ;

A l'Armée. — Outre les batteries de pièces spéciales (A. L. V. F., 270, etc.), un certain nombre de batteries de pièces lourdes à grande portée, mises à la disposition des Corps d'armée dans la limite des disponibilités prescrites par le Commandant de l'Armée, ou constituant un appoint de forces, grâce auxquelles le Commandant de l'Armée sera en mesure de renforcer, à un moment donné, l'Artillerie de tel ou tel Corps d'armée ;

35. — L'expérience des dernières opérations permet d'évaluer, d'une façon approximative, la quantité d'Artillerie lourde à mettre en ligne sur un front d'attaque déterminé :

Par secteur de Division (front moyen 2 kilomètres). — 2 groupes de canons courts ;

Par secteur de Corps d'armée. (front moyen 4 kilomètres). — 4 groupes de canons longs.

Dans l'évaluation précédente, il n'a pas été tenu compte

des pièces spéciales (A. L. V. F., canons de marine à très longue portée, mortiers de 270, 370, etc.), ni du renforcement en canons longs à donner aux secteurs d'ailes.

36. — La durée et le développement inconnus qu'est susceptible de prendre une opération d'ensemble, comme aussi la force toujours croissante des organisations ennemies, s'opposent à la conception d'une allocation forfaitaire en munitions.

Il est possible, néanmoins, de fixer, d'après les résultats de l'expérience, la consommation moyenne, par pièce et par jour, correspondant aux périodes de préparation et d'exécution d'une attaque, ainsi qu'aux intervalles entre deux phases successives d'une opération.

Ces consommations, largement comptées, sont les suivantes :

CALIBRES.	PÉRIODE de préparation.	PÉRIODE d'exécution.	INTERVALLE entre deux phases successives de l'opération.
75	250 coups.	300 coups.	150 coups.
90	100 —	150 —	50 —
95	150 —	150 —	50 —
105	150 —	150 —	50 —
120 L	120 —	120 —	50 —
155 L	100 —	100 —	40 —
155 C	120 —	120 —	50 —
155 CTR	150 —	150 —	50 —
M. 220	80 —	80 —	30 —

37. — Par *jour de feu* on entend la consommation correspondant à la période d'exécution (3e colonne du tableau ci-dessus).

38. — En tout état de cause, l'approvisionnement initial doit être réglé de façon que chaque batterie dispose, au début d'une préparation d'attaque, de trois jours de feu, calculés sur les bases qui précèdent, et entreposés, soit dans les magasins de batteries, soit à proximité immédiate des batteries, et que, dans les dépôts intermédiaires, se trouvent entreposés, pour l'ensemble des pièces du secteur, trois autres jours de feu.

Au total : 6 jours de feu.

En outre, dès le début de l'action, l'armée dispose d'une réserve d'un demi-jour de feu pour l'ensemble des pièces.

Enfin, le général commandant le Groupe d'armées disposera en général d'une réserve d'un demi-jour de feu constituée en en-cas mobile.

D. — MODE D'EMPLOI DE L'ARTILLERIE LOURDE.

TIRS DE DESTRUCTION EXÉCUTÉS CONTRE LES OUVRAGES DE DÉFENSE.

39. — Les deux opérations principales, qui constituent la préparation de l'attaque, sont :

L'ouverture des brèches dans les réseaux de fils de fer;

La destruction des organes de défense des tranchées et boyaux de la zone d'attaque et des flancs.

L'expérience a prouvé que l'action des canons de 75, complétée par celle des canons de tranchée, suffisait, en général, pour assurer l'exécution des brèches dans les réseaux de fils de fer.

Il n'y a donc pas lieu d'employer systématiquement des obus de gros calibre pour ces destructions.

Les coups courts des pièces lourdes tirant sur les tranchées renforceront, d'ailleurs, par le fait même, l'action des projectiles des canons de 75 et des canons de tranchée contre les réseaux.

40. — La destruction des organes de défense des lignes ennemies incombe au premier chef à l'Artillerie lourde, et, en principe, aux pièces courtes.

Cette opération ne consiste pas à arroser de projectiles, sur tout leur développement, les lignes de tranchées ennemies. Aucun approvisionnement n'y suffirait. Le procédé, d'ailleurs, serait inefficace. Il s'agit d'exécuter des *tirs d'efficacité* sur des *points précis* (casemates de flanquement, abris de mitrailleuses, observatoires, places d'armes, etc.).

La détermination aussi exacte que possible de ces objectifs résulte des renseignements de toutes sortes, qui ont pu être recueillis sur le front ou dans les déclarations de prisonniers, comparés avec les indications fournies par la photographie aérienne.

Elle doit être établie à la suite de reconnaissances exécutées de concert entre les Commandants des unités d'infanterie de première ligne et les Commandants des batteries lourdes chargées des missions de destruction.

41. — Sur certaines parties du front ennemi, d'une importance capitale pour l'attaque, tels que les saillants ou les réduits de la défense, on aura recours à des tirs de concentration exécutés par plusieurs batteries ; mais les parties du front contre lesquelles on opérera ainsi devront toujours être parfaitement définies.

Ce n'est qu'en cas d'impossibilité *absolue* d'observer qu'on aurait recours au tir sur zones.

En général, les effets de destruction recherchés pourront être obtenus avec le 155 C.

Contre les points qui paraissent avoir été renforcés, on aura recours au mortier de 220.

Quant aux mortiers de calibre supérieur au 220, leur emploi devra être justifié par la nécessité de produire des effets d'écrasement matériel et moral très puissants, ou encore d'atteindre une portée supérieure à celle du mortier de 220.

TIRS CONTRE L'ARTILLERIE ENNEMIE.

42. — Les tirs contre l'Artillerie ennemie seront exécutés par l'A. L., en principe, avec les pièces longues.

Dans certains cas, cependant, où les grands angles de chute seront nécessaires pour pouvoir atteindre l'objectif, ou encore contre quelques batteries fortement casematées, on devra avoir recours aux pièces courtes.

D'une façon générale, celles-ci sont réparties entre les Divisions, notamment en vue de la préparation de l'attaque, mais toutes les dispositions devront être prises, pour que les Commandants d'Artillerie lourde des C. A. puissent les reprendre en mains, en totalité ou en partie.

43. — On ne perdra pas de vue que l'A. L. doit viser avant tout la *destruction* de l'Artillerie ennemie, au moyen de *tirs de précision*, réglés et contrôlés par l'observation aérienne, les observatoires terrestres ne pouvant être utilisés dans ce but que dans des cas exceptionnels.

Lorsque, par suite des circonstances, il faudra se contenter de neutraliser l'Artillerie ennemie, au moyen de tirs sur zones, on évitera autant que possible d'employer des projectiles explosifs et, en particulier, des obus allongés.

TIRS D'ÉCHARPE ET D'ENFILADE — CONCENTRATION DE FEUX.

44. — La portée et les grands champs de tir de la plupart des bouches à feu d'Artillerie lourde permettent de recourir fréquemment aux tirs d'écharpe et d'enfilade. Mais ce genre de tir exige une entente étroite entre les Commandants de zones voisines. et une préparation du tir minutieuse. Il est indispensable que cet emploi de l'artillerie ait été prévu et organisé dans tous ses détails, chacune des batteries susceptibles d'agir dans la zone d'action du secteur voisin sachant à l'avance sur quels objectifs de ce dernier secteur elle pourra être appelée à intervenir, et ayant fait ses réglages en conséquence.

45. — La possibilité de réaliser, dans les périodes de crise, des concentrations de feux sur certaines parties du champ de bataille, résulte également des propriétés de l'A. L. énoncées ci-dessus.

Lorsque les tirs d'écharpe ou d'enfilade ne peuvent pas être contrôlés par l'observation terrestre ou aérienne, de même que dans les tirs de concentration, on fera usage de préférence des obus à mitraille et des obus ordinaires, qui entrent, pour une certaine proportion, dans la composition des lots de munitions.

Tir contre les objectifs lointains. Barrage des lignes de ravitaillement de l'ennemi.

46. — Il convient de prévoir et de préparer l'emploi d'un certain nombre de batteries de canons longs et notamment de batteries de pièces spéciales à très grande portée (A. L. V. F., canons de marine, etc...) pour les tirs à exécuter, avec le concours de l'observation aérienne, contre les objectifs éloignés, tels que cantonnements, bivouacs, rassemblements de troupes, voies de communication, etc.

47. — En ce qui concerne plus particulièrement le tir sur les lignes de ravitaillement de l'ennemi, on spécialisera un certain nombre de pièces, qui seront réglées par avions et établies en surveillance contre des points de passage obligé de ces lignes de ravitaillement. Ces pièces exécuteront des tirs de barrage, soit à la demande de l'observation aérienne, soit systématiquement, à intervalles irréguliers.

Dispositions spéciales.

48. — Il est indiqué d'interrompre, pendant la nuit, les tirs de démolition, ou tout au moins d'utiliser les projectiles les plus économiques ; toutes les fois que ce sera possible, on recourra aux batteries de petit calibre ou à l'Artillerie de campagne pour empêcher ou gêner la remise en état des ouvrages.

49. — La répartition des munitions devra être modifiée en cours d'opérations, de façon à doter plus largement les batteries dont le tir aura été reconnu plus efficace.

Dans cet ordre d'idées, on ne devra pas hésiter à suspendre ou faire cesser le tir de certaines batteries dont les munitions seraient mal employées.

E. — CHANGEMENTS DE POSITION DE L'ARTILLERIE LOURDE.

50. — Les déplacements d'artillerie nécessités par la progression de l'infanterie ne présentent pas, en ce qui concerne les obstacles du terrain, et abstraction faite du feu de l'ennemi, de difficultés d'exécution insurmontables, à la condition que les détails en aient été prévus avec le plus grand soin.

Les moyens de franchissement seront mis en place pendant la préparation; en cas d'impossibilité, ils seront rassemblés à proximité des chemins d'accès.

Dans chaque secteur de Division, quelques batteries désignées à l'avance accompagneront l'infanterie aussitôt que ses progrès permettront un bond en avant, mais l'opération qui consiste à pousser en avant la masse de l'Artillerie lourde doit être menée avec beaucoup de méthode et de prudence, sous peine d'entraîner un ralentissement du feu et, par suite, une période de crise. Une batterie qui change de position sans nécessité perd en effet le bénéfice de ses réglages antérieurs et celui des communications établies.

Suivant l'amplitude du progrès, les observatoires seuls ou les batteries elles-mêmes seront poussés en avant. Il importe que l'autorité qui ordonnera ces déplacements soit nettement spécifiée à l'avance: Commandant d'un Corps d'armée ou même Commandant de l'Armée, suivant la zone d'action de chacun des Groupements.

51. — Les batteries prévues ci-dessus pour accompagner l'infanterie en première urgence comprendront en principe un groupe court par Division (121 S. ou 155 CTR de préférence). Elles seront placées sous les ordres des Généraux commandant les Divisions qui les emploieront pour briser les premières résistances rencontrées, au même titre que leur Artillerie divisionnaire, souvent impuissante soit à cause de son calibre même, soit à cause de la tension de sa trajectoire. Dans le dispositif initial de la préparation d'artillerie, l'emplacement et le rôle assignés à ces groupes seront tels qu'ils soient les premiers libérés par la progression de l'infanterie.

52. — Les emplacements avancés que l'on pourrait être amené à occuper en-deçà et près des tranchées de première ligne seront reconnus par les intéressés. Certains de ces emplacements pourront même être aménagés pendant la période des travaux préparatoires.

On étudiera minutieusement toutes les mesures à prendre pour assurer le maintien des communications, par téléphone ou provisoirement par tout autre procédé, et la continuité de l'action de l'artillerie en liaison avec l'observation aérienne.

La poussée en avant des munitions sera également organisée dans tous ses détails.

F. — PRINCIPES D'EMPLOI DE L'ARTILLERIE LOURDE DANS UNE OPÉRATION OFFENSIVE EXÉCUTÉE EN RASE CAMPAGNE.

53. — De l'étude des règlements et des procédés de combat de nos adversaires, il résulte qu'avant de passer à l'attaque, les Allemands s'assurent toujours la possibilité de réunir leurs moyens.

Cette mise en main des moyens s'effectue sous la protection des avant-gardes tactiques qui s'établissent en garde, à la première résistance qu'elles éprouvent.

Il ne s'agit, en effet, pour elles, ni de reconnaître l'adversaire, dont tous les mouvements sont signalés par l'observation aérienne et par le service des renseignements, ni de le fixer, car il se fixera tout seul, mais uniquement de couvrir le déploiement de l'artillerie et de l'infanterie.

La tombée en garde de l'avant-garde consiste dans l'occupation des points d'appui du terrain sur tout le front du déploiement de l'unité correspondante, et dans le renforcement de ces points d'appui ainsi que de leurs intervalles, par des travaux de fortification de campagne.

Dans certains cas, et notamment lorsque l'artillerie de campagne risquera de tomber sous les feux d'une artillerie ennemie déjà en position, son déploiement s'effectuera en outre sous la protection de l'A. L. établie plus en arrière et utilisant la portée efficace supérieure de ses pièces.

54. — Des considérations qui précèdent, on peut déduire qu'une opération offensive de notre part se présentera en général, sous la forme de l'attaque d'un ennemi en position, dont le front sera jalonné par la ligne générale de ses avant-gardes.

Il ne saurait être question d'entreprendre cette attaque sans que l'on dispose soi-même de tous les moyens nécessaires, et, par suite, que l'on se soit organisé solidement face à l'ennemi, afin de couvrir la réunion de ces moyens.

En définitive, la physionomie générale de l'action présentera les plus grandes analogies avec celle d'une opération offensive contre un front fortifié.

La seule différence résidera dans le fait que la position à attaquer n'aura pas l'importance des positions de campagne actuelles, et que cette importance sera d'autant plus réduite que l'attaque sera déclanchée plus rapidement.

Par conséquent, et en ce qui concerne plus particulièrement l'Artillerie, toute la question revient à effectuer le déploiement de cette Artillerie, ainsi que son installation sur le terrain, dans les meilleures conditions de rapidité possible.

RAPIDITÉ DE DÉPLOIEMENT DE L'A. L.

55. — La rapidité de déploiement de l'Artillerie lourde dépend de sa capacité manœuvrière et de la place qu'elle occupe dans les colonnes :

a) **Capacité manœuvrière** (1). — Celle-ci résulte du coup d'œil et de la rapidité de décision des officiers, de leur instruction technique, de l'entraînement de la troupe à tous les exercices relatifs à la construction des batteries, aux manœuvres de force que nécessite leur armement, à l'installation de communications téléphoniques, etc.

b) **Place de l'A. L. dans les colonnes.** — Il importe, en effet, que le personnel de reconnaissance soit poussé le plus avant possible, afin d'être en mesure, aussitôt que l'ordre d'engagement sera donné, de procéder aux reconnaissances et aux travaux préparatoires concernant l'installation des postes de commandement, postes d'observation, emplacements de batteries, l'organisation du tir, les liaisons, etc...

En principe, le Commandant de l'A. L. du Corps d'armée se tiendra à côté du Commandant de l'Artillerie du Corps d'armée, le personnel de reconnaissance des groupes et batteries d'A. L. marchera en tête du gros du Corps d'armée.

Les batteries d'A. L. suivront la Division de tête, ou, si le Corps d'armée marche en deux colonnes, la Division avec laquelle marchera le commandant de Corps d'armée.

En général, l'A. L. d'Armée ne peut marcher qu'en colonnes indépendantes (2).

56. — Sauf exceptions, l'entrée en ligne de l'A. L. s'effectuera dans l'ordre d'urgence suivant : canons longs, canons courts.

En effet, aussi bien le déploiement de l'infanterie, son installation sur le terrain, les travaux d'approche qu'elle pourra être amenée à exécuter, que le déploiement et l'installation de l'Artillerie de campagne et de l'Artillerie lourde de destruction, s'effectueront difficilement sous le feu d'une artillerie ennemie déjà en position et libre d'agir.

D'autre part, avant de songer à attaquer un ennemi, si faiblement organisé qu'il soit, il est indispensablce d'être en mesure de contrebattre son artillerie.

Malgré les destructions de points d'appui qu'on aurait pu

(1) Voir titre I, paragraphe B.
(2) Voir titre I, n° 11.

faire, l'attaque échouerait à coup sûr devant les tirs de barrage de l'artillerie ennemie.

57. — L'emploi de l'A. L. au cours de la préparation et de l'exécution de l'attaque sera, dans ses grandes lignes, conforme aux principes qui ont été exposés dans le chapitre précédent.

La tâche principale des batteries de canons longs consistera à maîtriser l'artillerie ennemie pendant toute la durée de la bataille. Si le fait d'une situation improvisée rend le réglage du tir des contrebatteries plus laborieux, par contre, les effets de destruction qu'elle produiront seront accrus en raison de la vulnérabilité plus grande des objectifs.

Aucune modification en ce qui concerne les barrages lointains des lignes de ravitaillement ennemies.

Les occasions de tirer contre les voies de communication, contre les rassemblements ennemis seront vraisemblablement plus fréquentes que dans la guerre de position.

La mission principale des pièces courtes consistera, comme précédemment, à détruire les organisations défensives de l'ennemi. Mais, dans le cas présent, cette mission de destruction se réduira, en général, à l'écrasement, par concentration de feu, des points d'appui de la ligne ennemie ou à l'ouverture des brèches (1) ,dans le cas où le canon de 75, en raison de la tension de sa trajectoire, ne pourrait remplir ce but.

TITRE VI.

ORGANISATION DES SERVICES.

58. — **Service des renseignements concernant les objectifs de l'Artillerie** (S. R. A.). — Un S. R. A. est organisé à l'État-Major de l'Artillerie de chaque Corps d'Armée et à l'État-Major de l'Artillerie de l'Armée.

A l'État-Major de l'Artillerie du Corps d'Armée, le Chef d'État-Major centralise et trie les renseignements concernant les objectifs, qui lui sont fournis par les divers services ci-après qui fonctionnent à l'intérieur du C. A. 2me Bureau de l'État-Major du C. A., Service de l'aéronautique.

Il y ajoute les renseignements fournis par des observatoires terrestres spécialement établis à cet effet et fonctionnant sous la direction d'un Officier d'Artillerie détaché à l'État-Major du Général Commandant l'Artillerie du Corps d'Armée.

---

(1) Voir l'article 39 de la présente instruction.

Au fur et à mesure que ces renseignements sont triés, le S. R. A. du Corps d'Armée établit des *fiches de renseignements* qui sont adressées au Général Commandant le C. A., aux groupements d'Artillerie du C. A. et au Général Commandant l'Artillerie de l'Armée.

Les fiches de renseignements des C. A. sont centralisées et triées par le Chef d'État-Major de l'Artillerie de l'Armée (S. R. A. de l'Armée) qui complète ces renseignements par ceux provenant du 2me Bureau de l'État-Major de l'Armée, des sections de repérage par le son et par les lueurs dépendant de l'Armée, du Groupe des Canevas de tir de l'Armée.

Les renseignements ainsi réunis sont consignés sur un *bulletin de renseignements* qui est adressé chaque jour aux Généraux Commandant l'Artillerie et aux Généraux Commandant les C. A.

59. — Service de l'observation aérienne. —Le fonctionnement de ce service est réglé par l'Instruction sur l'observation aérienne en liaison avec l'Artillerie (1915).

En vue d'assurer une entente aussi étroite que possible, il y a le plus grand intérêt à ce que les observateurs vivent avec les groupements auxquels ils sont affectés.

60. — Repérage par le son et par les lueurs. — La détermination des objectifs par le son et par les lueurs est assurée par un certain nombre de sections affectées à chaque Armée.

L'organisation et le fonctionnement de ces sections sont réglés par une Instruction spéciale.

61. — Organisation du tir. — L'organisation du tir a pour base le plan directeur établi par le Groupe de Canevas de tir affecté à chaque Armée.

La coordination des travaux des Armées voisines est assurée par le Général Commandant le Groupe d'Armées.

La détermination de l'emplacement des pièces guides, des repères de pointage, des buts auxiliaires et des observatoires terrestres est faite par les Lieutenants orienteurs des Groupes sous la direction technique du Commandant du Groupe des Canevas de tir de l'Armée, qui, s'il est nécessaire, détache à cet effet, dans chaque groupement, un officier de son Service.

62. — Communications téléphoniques. — Le matériel de ligne et de postes est décrit dans la notice sur le matériel téléphonique en service dans l'Artillerie (1915).

L'établissement, l'entretien et le fonctionnement du réseau jusqu'aux postes de commandants de groupe exclus sont assurés par le Chef du Service de télégraphie de 1re ligne, qui demande, s'il y a lieu, aux services et corps intéressés le personnel nécessaire pour renforcer les sections de télégraphie.

L'établissement, l'entretien et le fonctionnement du réseau de tir, à partir des postes de commandants de groupe inclus, incombent aux lieutenants orienteurs, qui se conforment d'ailleurs aux indications générales données par le Service télégraphique du Corps d'armée. Ce Service fournit le matériel nécessaire pour compléter la dotation des batteries (1).

63. — Renseignements météorologiques. — Le Service de l'Aéronautique de l'Armée adresse trois fois par jour aux Généraux Commandant l'Artillerie de l'Armée et aux Généraux Commandant l'Artillerie des Corps d'armée les renseignements suivants :

pression barométrique ;

vitesse et direction du vent aux altitudes de 500 en 500 m.

64. — Service du Parc. — Chaque grand parc d'armée comprend une Section spéciale affectée à l'artillerie lourde (P. A. L.) chargée :

de provoquer en temps utile l'envoi, par les entrepôts de la réserve générale, du matériel et des munitions d'A. L. nécessaires ;

de diriger ceux-ci sur des dépôts intermédiaires (D. I.), organisés conformément aux indications du 1er Bureau de l'Etat-Major de l'Armée ; un officier d'artillerie spécialisé dans les munitions est, à cet effet, détaché en permanence par le P. A. L. au 1er Bureau, comme agent de liaison ;

de faire réparer ou de renvoyer sur les établissements de l'arrière le matériel détérioré.

Pour l'accomplissement de ces missions, le P. A. L. dispose, en plus d'une partie des ressources en personnel du G. P. A. :

d'un nombre variable avec l'importance du P. A. L. d'ouvriers d'état et de gardiens de batterie ;

de troupes, comprenant un certain nombre de batteries de parc (en général 3), un détachement d'ouvriers d'artillerie et une section de parc ;

d'une réserve de munitions, pour l'ensemble des pièces de l'armée (2) ;

de rechanges de toutes natures ;

d'ateliers de réparations ;

d'équipes mobiles de réparations (3), à raison d'une par Corps d'armée.

---

(1) La description du matériel modèle 1909 en usage dans l'Artillerie et les conditions d'établissement de ce matériel, sont données dans l'instruction sur le service de l'observation et des transmissions, dans l'Artillerie à pied, approuvée le 18 novembre 1911 et mise à jour le 25 août 1914.

(2) La réserve de munitions du G. A. est rattachée, s'il y a lieu, au G. P. A. d'une armée.

(3) Sur voitures automobiles.

La composition détaillée du P. A. L. est donnée dans l'Instruction sur la composition du P. A. L. (à l'étude).

Le P. A. L. est toujours desservi par la voie normale.

65. — Service des munitions. — Les munitions à la disposition de l'armée sont réparties entre les batteries (3 jours de feu, y compris une réserve, à proximité immédiate des batteries), des dépôts intermédiaires (3 jours de feu), et le P. A. L. (1/2 jour).

Les dépôts intermédiaires (D. I.) sont établis aux gares de transbordement, desservies à la fois par la voie normale et par la voie de 0m60 (1), et en divers points desservis par la voie de 0m60, entre les gares de transbordement et les batteries (2). Leur capacité dépend de la protection que donne le terrain et de leur distance aux batteries : Il est avantageux de pousser les munitions le plus en avant possible, mais on est limité dans cette voie par les conditions de sécurité.

Dans tous les cas, la division des risques s'impose : on est conduit ainsi à organiser 3 ou 4 dépôts par zone de corps d'armée.

Il est avantageux de faire ravitailler les batteries d'un groupe au même dépôt.

Le service dans les dépôts est assuré par des détachements permanents prélevés sur les batteries de parc, qui passent temporairement aux ordres de l'armée (1er bureau de l'État-Major).

Chaque dépôt est géré par un gardien de batterie ou sous-officier faisant fonctions. Les plus importants, notamment ceux établis aux gares de transbordement, sont commandés par des officiers.

Les munitions sont envoyées par les magasins et entrepôts de l'arrière, en wagons homogènes, contenant des coups de même nature (projectiles, charges, étoupilles, artifices d'amorçage).

Ces munitions sont autant que possible loties par wagons (3). Le convoyeur du train est porteur de l'état détaillé du chargement.

Le lotissement est vérifié ou assuré au parc, dans les dépôts et dans les batteries, qui, à cet effet, sont pourvus des bascules nécessaires.

Les obus explosifs munis de gaines relais sont amorcés au moment du tir.

Le service des munitions est surveillé, au point de vue technique, par l'officier supérieur inspecteur des munitions du Groupe d'armées qui correspond directement, par délégation, avec les Généraux Commandant les Artilleries des Armées.

---

(1) Dans certains cas, notamment lorsque la voie de 0 m. 60 n'est pas encore établie, ces dépôts sont desservis par des camions automobiles.

(2) Voir renvoi 3 de la page précédente.

(3) Voir annexe n° 5

66. — Matériel. — Dans certains D. I., dénommés mixtes, il est constitué un assortiment des rechanges les plus usuels.

67. — Transports par voie de 0m60. — Pour le ravitaillement, il sera fait un large emploi de la voie de 0m60, toutes les fois que les circonstances le permettront, les transports par camions automobiles ayant un faible rendement et dépendant dans une certaine mesure de l'état du terrain.

En conséquence, le réseau à voie de 0m60 sera toujours établi de façon à permettre le transport aux batteries d'un jour de feu, sans compter le ravitaillement des canons de 75 et des canons de tranchée, ainsi que les transports concernant les autres services : le tonnage ainsi prévu devra être calculé à l'avance par le 1er bureau de l'État-Major de l'Armée.

En principe, chaque corps d'armée sera desservi par une ligne se greffant sur la voie normale à une gare de transbordement. Le matériel roulant à affecter à cette ligne dépend du tonnage prévu.

Le réseau sera complété par une ou plusieurs lignes transversales reliant les lignes de corps d'armée : ces lignes permettront soit de parer à l'obstruction momentanée des lignes de Corps d'armée, soit d'exécuter dans le sens parallèle au front des déplacements de matériels spéciaux.

Le réseau de chaque Armée est dirigé par un officier supérieur chef de réseau, qui relève, au point de vue technique, du Directeur des chemins de fer au G. Q. G.

Le réseau est construit, entretenu et exploité par des unités spéciales dépendant de la Direction des chemins de fer. Ces unités sont renforcées, pour la construction, par des détachements d'auxiliaires fournis par l'Armée.

68. — Transports par voitures. — Les transports par voitures automobiles ou attelées suppléent, chaque fois qu'il est nécessaire, les transports par voie de 0m60, notamment dans les déplacements d'artillerie.

Ils sont soumis aux mêmes règles que les transports concernant les autres armes.

69. — Principes concernant le ravitaillement. — Le service du ravitaillement d'A. L. est centralisé au 1er bureau de l'État-Major de chaque armée.

Celui-ci reçoit chaque jour avant 9 heures les situations de munitions de la veille, à 18 heures, par groupe, centralisées par les Corps d'armée (1).

---

(1) Il est de la plus haute importance que dans chaque batterie de tir un sous-officier artificier soit spécialement chargé de décompter les consommations et de tenir ainsi *constamment* à jour la situation des munitions.

L'ordre de ravitaillement est envoyé avant 12 heures aux dépôts et au chef de réseau. Cet ordre mentionne les quantités et la nature des munitions à envoyer par chaque dépôt aux batteries, et à recevoir de l'arrière.

Les Commandants de dépôt prennent immédiatement les mesures préparatoires et commencent si possible les chargements.

Le chef du réseau adresse avant 14 heures, aux Commandants de dépôt et aux Commandants de Corps d'armée, les extraits de l'ordre de ravitaillement de l'Armée, complétés par l'indication des heures.

Il est essentiel que le ravitaillement commence aussitôt que possible, sous la réserve que les trains n'entreront pas dans la zone dangereuse avant la nuit.

G. Q. G., le 20 novembre 1915.

J. JOFFRE.

GRAND
QUARTIER GÉNÉRAL
DES ARMÉES.

ÉTAT-MAJOR.

3e BUREAU.

13 février 1916.

ERRATUM

À L'INSTRUCTION DU 20 NOVEMBRE 1915

SUR

L'EMPLOI DE L'ARTILLERIE LOURDE.

Page 31, remplacer les 3e, 4e, 5e et 6e alinéas de l'article 67 par la rédaction suivante :

«Des lignes de voie de 0 m. 60, se greffant sur la voie normale à une gare de transbordement, sont construites en nombre suffisant pour desservir la zone de l'Armée et transporter le tonnage prévu dans les conditions indiquées à l'alinéa précédent; le matériel roulant à affecter à chaque ligne est fixé en conséquence.

«De chaque ligne se détachent des antennes pour desservir les dépôts et installations des divers services. Le réseau est complété par une ou plusieurs lignes transversales de façon à parer à l'obstruction momentanée d'une ligne allant vers le front et à exécuter parallèlement à celui-ci des déplacements de matériels spéciaux.

«Chaque réseau, desservant en principe une Armée, est dirigé par un Officier Supérieur, qui dépend du Directeur des Chemins de fer au Grand Quartier Général, et qui reçoit de l'État-major de l'Armée les instructions relatives à l'exécution des transports.

«Le réseau est construit et exploité par des unités spéciales dépendant de la Direction des Chemins de fer. Ces unités sont renforcées pour la construction et, s'il y a lieu, pour l'entretien, par des détachements d'auxiliaires fournis par l'Armée. Pour la construction des lignes nouvelles, la proportion d'auxiliaires, par rapport au personnel spécialisé, est de 3 à 1; pour l'entretien, elle varie avec l'état de la voie et des terrains.»

www.ingramcontent.com/pod-product-compliance
Ingram Content Group UK Ltd.
Pitfield, Milton Keynes, MK11 3LW, UK
UKHW020949220726
13924UKWH00002B/578